Les Chattes de Montcuq

Du même auteur*

Essais

Les villages doivent disparaître !
Comment devenir écrivain ? être écrivain !
Contrairement à Gérard Depardieu, dois-je quitter la France ?
Alertez Jack-Alain Léger !

Romans

Le Roman de la Révolution Numérique (Péripéties lotoises)
Ils ne sont pas intervenus (Peut-être un roman autobiographique)
La Faute à Souchon (Le roman du show-biz et de la sagesse)
Quand les familles sans toit sont entrées dans les maisons fermées
Viré, viré, viré, même viré du Rmi !
Liberté j'ignorais tant de Toi

Théâtre

Neuf femmes et la star
Les secrets de maître Pierre, notaire de campagne
Ça magouille aux assurances
Chanteur, écrivain : même cirque
Deux sœurs et un contrôle fiscal
Amour, sud et chansons
Pourquoi est-il venu ?
Aventures d'écrivains régionaux
Avant les élections présidentielles
Scènes de campagne, scènes du Quercy
Trois femmes et un Amour
J'avais 25 ans

Photos

La route lotoise G.P Dagrant: les vitraux de trente-trois églises
Cahors, 42 inscriptions aux Monuments Historiques
Montcuq en Quercy Blanc

Théâtre pour troupes d'enfants

La fille aux 200 doudous
Les filles en profitent

* extrait du catalogue, voir www.ternoise.net

Stéphane Ternoise

Les Chattes de Montcuq

Jean-Luc Petit éditeur - Collection Humour

Stéphane Ternoise versant Chattes :

http://www.chattes.net

Tout simplement et logiquement !

Tous droits de traduction, de reproduction, d'utilisation, d'interprétation et d'adaptation réservés pour tous pays, pour toutes planètes, pour tous univers.

Site officiel : http://www.ecrivain.pro

© Jean-Luc PETIT - BP 17 - 46800 Montcuq – France

Les Chattes de Montcuq

Chattes de Montcuq. "Tout" est dans le titre ?! Naturellement, quelques phrases accompagnent des photos. Versant humour.

Quand on possède un tel titre, il semble préférable de le balancer rapidement... La vie, même lotoise, s'avérant parfois compliquée, plusieurs années furent nécessaires.

C'est effroyable, « *même en cent ans, je n'aurais pas le temps* »... Tellement d'idées de livres... Publier, c'est choisir, le sujet auquel accorder des jours.

Mais là, après le lancement de la vidéo « *La chatte de Montcuq et le serpent* », la pression d'une possible initiative concurrente m'obligeait à y consacrer quelques heures.
Je me mets parfois en situation du "devoir faire" ! Présenter cette vidéo, c'était devoir publier le livre. Pourtant, depuis ce 29 août 2016 un mois s'écoula... si mon calcul s'avère exact.

Stéphane Ternoise
Montcuq, le 29 septembre 2016

« *De conin, qui signifiait lapin en vieux français mais désignait également le sexe féminin, ne demeure que le con. On a remplacé lapin par chatte. Le sexe est devenu carnivore.* »
Roland Topor.

Du même, retenons « *Pauvres messieurs auxquels on interdit de fumer leur cigare parce que la fumée risque de réveiller le chat que la demoiselle a dans la gorge.* »

J'ai un autre titre, découlant "des autres" :
« *J'aime les chattes, les vraies.* » (référence à j'aime les moutons, les vrais ; les ânes...)
Tome 1 : douces et cruelles.

« *Un chat n'est jamais vulgaire.* »
Carl Van Vechten.

Le jour où google a découvert "la chatte de Montcuq"

Quand google renifle la chatte... il a découvert l'expression "chatte de Montcuq" le 29 août 2016.

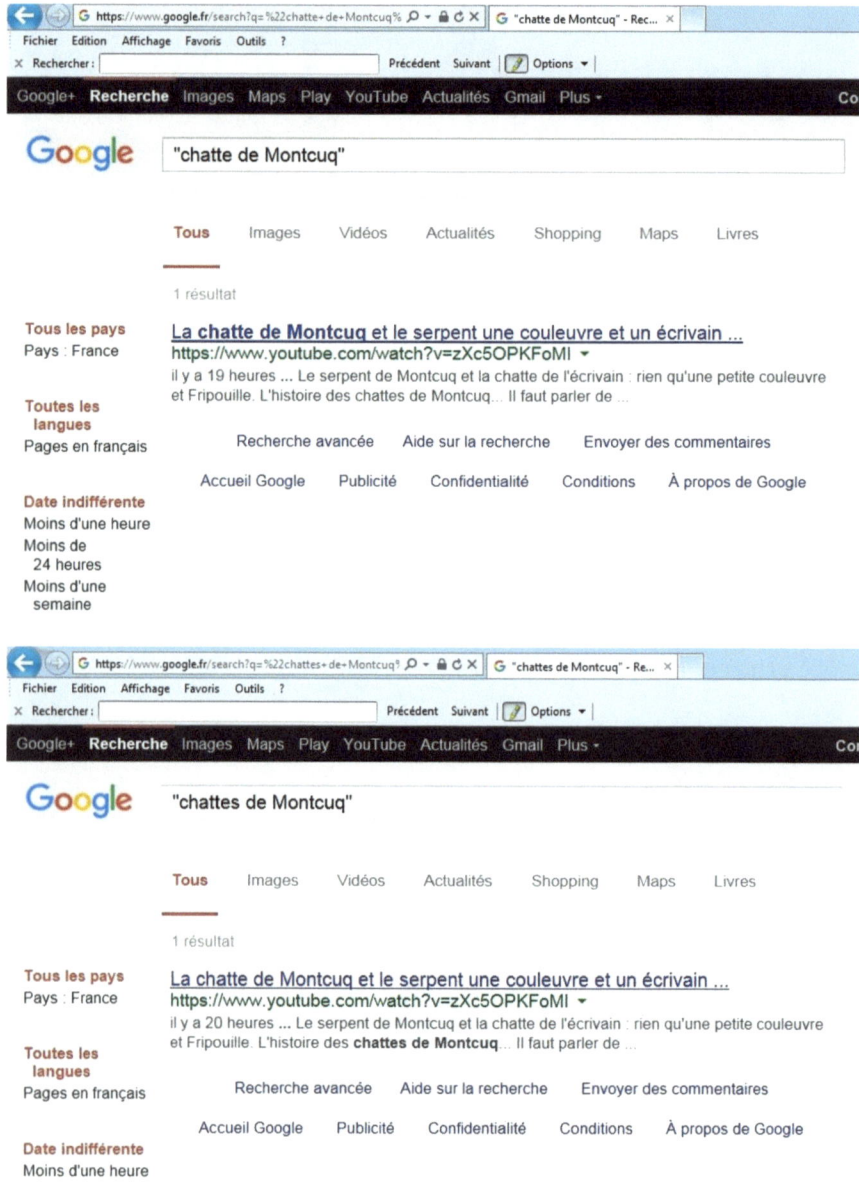

Des chattes, donc des chats, des matous de Montcuq...

« On peut donner un ordre à un chien. À un chat, on peut à la rigueur faire une proposition raisonnable. » Michael Stevens.

« Une maison sans chat, que c'est vide ! » Bertrand Vac.

« Trois souris discutent. La première, très fière, annonce : — Moi j'arrive à repérer les pièges à ressort et à prendre le fromage sans me faire écraser. Il suffit d'aller très vite. »
La deuxième répond : — C'est rien. Moi tu sais, les granulés roses de mort-aux-rats ? Eh bien je les mange en apéritif.
La troisième regarde sa montre et glisse avec détachement : — « Désolée, les filles, il est 17 heures, c'est l'heure où je vais devoir vous laisser. Il faut que j'aille violer le chat. » »
Bernard Werber, *Le rire du cyclope*.

« Quel besoin d'une télévision quand on a des chats ? »
Lori Spigelmyer.

Albert Schweitzer semble avoir raté la littérature et l'amour : « *Il y a deux moyens d'oublier les tracas de la vie : la musique et les chats.* »

« *Chaque chat est un chef d'œuvre* » Léonard de Vinci (à ne pas confondre avec Nino Ferrer).

M le maire, sauriez-vous reconnaître les chattes de Montcuq ?

Quand en plus de dix années, aucun livre d'un auteur "local" mais d'audience internationale (même limitée) n'est entré à la bibliothèque, le terme censure peut-il être employé ? Est-ce la chatte de la bibliothécaire ?

Peut-être des affinités de chattes avec le "libraire" auquel le budget semble amplement dédié.

Bref, une chatte semble bien se diriger vers la bibliothèque où pourtant Nino Ferrer s'expose. La grande culture locale !

- Et tu crois qu'avec tes histoires de chattes, tes contempteurs vont s'incliner ?
- Je ne vais quand même pas me priver de ce livre dans l'hypothétique ambition de plaire à des gens de toute manière, finalement, incapables de ressentir la littérature. Je dérange simplement leurs misérables arrangements...

« Deux mille ans avant notre ère, les égyptiens avaient fait la conquête de ce petit animal précieux pour lutter contre les serpents, mais surtout contre rats et souris qui dévastaient les réserves de céréales. »
Edward Topsell.

Le chat et l'humain

Un chat c'est comme un humain
Ça miaule ça griffe
Ça vise la gamelle du voisin
Ça te met souvent les nerfs à vif

Un chat c'est comme un humain
Ça fait le beau
Ça veut sa dose de gros câlins
Ça ronronne si tu donnes du lolo

Un chat c'est comme un humain
Tu le sais bien
Tu l'oublies chaque matin

Un chat c'est comme un humain
Ça court les rues
Ça meurt sans entendre les freins
Sans savoir si l'assassin l'a vu.

Un chat c'est comme un humain
Un coup d'fusil
Et la petite lumière s'éteint
L'assassin sourit à son outil

Un chat c'est comme un humain
Tu le sais bien
Tu l'oublies chaque matin

« Pour quelques âmes aveugles, tous les chats se ressemblent. Pour un amoureux des chats, dès le début des temps chaque chat a été absolument et étonnamment unique. »
Jenny de Vries.

« Si vous vous comportez mal une seule fois avec un chat, il maintiendra à l'avenir une réserve pleine de dignité à votre égard. Vous ne regagnerez jamais sa pleine confiance. »
Mark Twain.
Conclusion fréquente mais trop péremptoire. Vivre avec plusieurs chats permet de bien observer les véritables... personnalités...
On peut également "faire de belles phrases" sans fondement réel mais finalement signifiantes, comme « Il y a des milliers d'années, les chats étaient vénérés comme des dieux. Ils ne l'ont jamais oublié. »
Alfred North Whitehead.

Y'a pas de port à Montcuq, juste un lac (artificiel) et son sable importé. Donc Hans Silvester ne s'exprimait pas d'ici quand il nota « *Souvent on aperçoit les chattes revenant du port avec dans la gueule un poisson quelquefois encore vivant.* »
« *Les chats sont encore plus curieux que les filles.* »
Joann Sfar dans "*Le Chat du Rabin*".

« *Les chats sont méconnus, décriés, calomniés par une foule ignorante qui mesure souvent ainsi l'étendue de son égoïsme ou de sa méchanceté.* »
Marcek Reney.
Il m'est impossible de côtoyer des fumeurs et des chatophobes. Une nouvelle recherche google : "chatophobe" fut déjà employé sur quelques pages du monde web !

J'en... souris : « *Les gens qui haïssent les chats seront réincarnés en souris.* » (Jim Willis)

« *Les autres ils disent comme ça, qu'elle est trop belle pour moi
Que je suis tout juste bon à égorger les chats
J'ai jamais tué de chats ou alors y a longtemps
Ou bien j'ai oublié ou ils sentaient pas bon...* »
Jacques Brel, *Ces gens-là*.

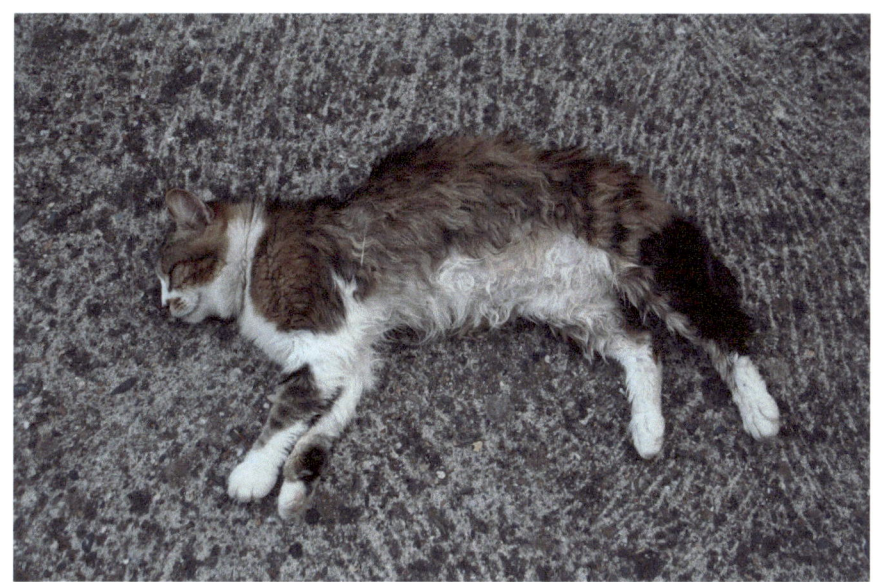

Même les communistes causent des chats : « *Peu importe qu'un chat soit noir ou blanc. S'il attrape les souris, c'est un bon chat.* » (Deng Xiaoping). Heureusement, nous n'avons pas de communistes à Montcuq. Sauf erreur ou omission. Ou alors, j'ai oublié. Ou alors il ne sentait pas bon.
Jean Yanne semble une référence plus appréciable, surtout à Montcuq : « *Brigitte Bardot a déclaré :* « un chat, c'est un cœur avec du poil autour. » *Je ne me livrerai à aucun commentaire.* »
Voilà qui devrait nous protéger encore pour quelques années des nostalgiques de Deng Xiaoping ou Staline.
Et comme Georges Bernard Shaw le remarqua « *L'homme est civilisé dans la mesure où il comprend le chat.* »

« *Les artistes aiment les chats. Les soldats aiment les chiens.*»
Desmond Morris.
Sommes-nous donc un peu artistes un peu soldats ?

Le songe du chat

Tous les humains
Sont des vilains
Si seulement chaque matin
On pouvait s'en bouffer un
Entre la souris et les câlins
Ce s'rait un super festin

C'était un chat d'gouttières
Qui ronronnait
Allongé sur une pierre
Je l'ai entendu marmonner
Je te le jure sur la tête de mister Bonflair

Pas un humain
Meilleur qu'son chien
Et c'est toujours le matin
Quand épuisé on revient
D'une grande battue aux p'tits lapins
Qu'on les croise sur not' chemin

C'était un chat d'gouttières
Qui ronronnait
Allongé sur une pierre
Je l'ai entendu marmonner
Je te le jure sur la tête de mister Bonflair

I s'croient malins
Ces vieux humains
Z'ont la chance d'avoir deux mains
Des parapluies des coussins
D'être géants même quand ils sont nains
Mais leur bouche ne sert à rien

C'était un chat d'gouttières
Qui ronronnait
Allongé sur une pierre
Je l'ai entendu marmonner
Je te le jure sur la tête de mister Bonflair

« Je veux créer un chat qui ressemble aux vrais chats que je vois traverser les rues, pas comme ceux que vous voyez dans les maisons. Le chat des rues a la fourrure hérissée. Il court comme un démon et lorsqu'il vous regarde, vous pensez qu'il va vous sauter au visage. »
Pablo Picasso.

Confidences de la chatte de Montcuq : je ne comprends pas les humains...

J'essaye pourtant. 15 ans que j'essaye, déjà. On m'appelle "la vieille chatte", parfois "le vieux chat." Même des enfants nés avant moi ! Ces ados sont considérés encore jeunes, et moi une vieille ! À chaque fois, je souris dans mes moustaches mais personne ne m'écoute. Romane m'appelle bien "le chat-humain"... elle a remarqué mes immenses capacités, mais elle est comme les autres, sourde...

La chatte de Montcuq sur Youtube...

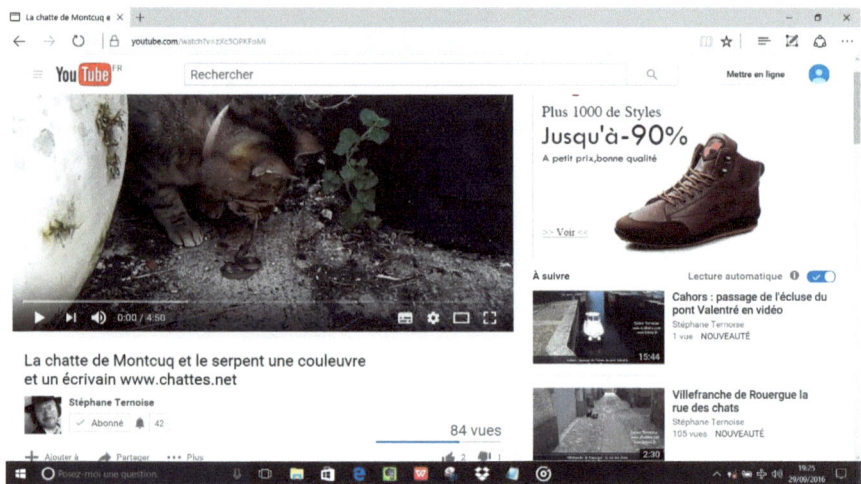

Un mois plus tard, elle n'a pas suscité d'enthousiasme digne du *trou du Petit Rapporteur*... Mais je suis de "youtube troisième division", autorisé seulement maintenant par nos élus à présenter des vidéos, car avant il fallait sûrement consolider sur le net des situations acquises... Donc pas d'adsl dans les campagnes !

« *Le challenge permanent qui consiste à déchiffrer le comportement du chat est peut-être la plus fascinante des choses qu'apporte la possession d'un chat.* »
Carole Wilbourn, persuadée que « *Le comportement du chat est l'exact reflet de ses sentiments.* »

Aucune place à Montcuq pour la littérature ?
Alors... peut-être : la chatte retiendra-t-elle l'attention ?

Il faut donner aux gens ce qu'ils attendent ?...

Chatte et Montcuq furent déjà "associés".
En marge du tour de France, cycliste, 2016, un magazine avait organisé un tour humoristique partant de Sachy, arrivant à Montcuq, avec étape à Poil, Anus, Deux-Verges... et Chatte. Les routes sont parfois dangereuses.

J'ai vu mourir ma chatte. J'ai l'impression de connaître la mort depuis.

La fête des chattes de Montcuq

Après le premier salon du livre, ce fut une évidence : en 2017 il faudrait réussir à faire venir plus de monde, plus de lectrices, plus de lecteurs.
Donc plus de touristes car on peut redouter la poursuite par une nomenklatura locale de leur indifférence peut-être plus fondée sur un viscéral mépris de la littérature que sur un le boycott de l'impertinent agitateur d'idées...
Donc il faut, des banderoles, des bandeaux, de grands panneaux... et une idée maîtresse, forte, spirituelle : sûrement associer cet événement à un autre plus propice à susciter l'érection... eh l'enthousiasme...
Au pays des lapsus et de l'inflation... conclurait sûrement Rachida Dati, peut-être disposée à nous signer un chef-d'œuvre platitudaire...
Non, je ne crois pas aux locomotives, dont on se demande le nom de la plume, celle dans la main.

En 2017, créons « la fête des chattes de Montcuq. »
Avec un grand concours où les écrivains consacreront la plus chatte de Montcuq. « Membre du jury de la plus belle chatte de Montcuq. »

Ne doutons pas alors de la venue de leur *Dépêche du Midi*, dont l'absence fut remarquée en 2016, absence même de couverture du déplacement de notre préfète.

Je pourrais alors terminer mon discours par « *vive les chattes de Montcuq.* » Sous vos applaudissements.

(air : chapeau rond des bretons) Et nous chanterons :
« *elles ont des poils aux pattes*
Vive les chattes de Montcuq. »

Parlé, interpellé : - Eh, Ternoise, ça rime pas, *patte* et *Montcuq*. Elles ont des poils aux nuques, Vive les chattes de Montcuq.

Ça va encore dégénérer cette histoire, notre consonne finale va encore nous échapper....

Mentions légales

Tous droits de traduction, de reproduction, d'utilisation, d'interprétation et d'adaptation réservés pour tous pays, pour toutes planètes, pour tous univers.

Dépôt légal à la publication au format ebook du 1er octobre 2016.

Imprimé par CreateSpace, An Amazon.com Company pour le compte de l'auteur-éditeur indépendant.
livrepapier.com

ISBN 978-2-36541-728-0
EAN 9782365417280
les Chattes de Montcuq **de Stéphane Ternoise**
© Jean-Luc PETIT - BP 17 - 46800 Montcuq - France

www.ingramcontent.com/pod-product-compliance
Lightning Source LLC
Chambersburg PA
CBHW041757040426
42446CB00005B/242